Aus der Reihe

Der historische Ort

Nummer 38

Peter Feist

Die Berliner Mauer

Berlin 1997

INHALTSVERZEICHNIS

Impressum

Autor: Peter Feist

Fotos: Christiane Kobus, David Baltzer, Landesbildstelle Berlin (S. 5)
Titel: Die Mauer ist offen, Winter 1989
Layout: KULTUR•MARKETING, Berlin
Druck: Druckhaus Wirth, Stadtoldendorf
ISBN: 3-931121-37-2
ISSN: 1430-2144

Die Deutsche Bibliothek-CIP-Einheitsaufnahme
Feist, Peter:
Die Berliner Mauer/Peter Feist - Berlin:
Kai Homilius Verlag, 1997

(Der historische Ort; Nr. 38)
ISBN 3-931121-37-2

Ne: GT

Das Bild, das um die Welt ging: Betriebskampfgruppen riegeln das Brandenburger Tor ab. Am 14. August 1961 wurde der Grenzübergang am Tor für 28 Jahre geschlossen.

Der Bau der Mauer

Um Mitternacht vom 12. zum 13. August 1961 ertönten die Alarmsirenen in den um Berlin zusammengezogenen Einheiten der Nationalen Volksarmee, in vielen Privatwohnungen klingelten die Telefone, um die Angehörigen der *Kampfgruppen der Arbeiterklasse* * zu wecken.
Gegen 2.00 Uhr begannen die eingesetzten Volkspolizisten, NVA-Soldaten und Kampfgruppenangehörigen mit dem Anlegen von Sperren entlang der Sektorengrenzen in Berlin und zum DDR-Umland.
Diese ersten Sperren bestanden vielerorts nur aus einer Stacheldrahtrolle, hinter der eine Postenkette stand.
In einem gewissen Abstand zu dieser ersten Linie sind Panzer und andere militärische Fahrzeuge aufgefahren und Reserven wurden bereitgehalten. Im tieferen Hinterland standen die Truppen der sowjetischen Besatzungsmacht.

* *im Text kursiv gesetzte Bezeichnungen und Begriffe entsprechen dem offiziellen Sprachgebrauch der DDR bzw. ihrer Grenztruppen und wurden aus Gründen der Authentizität teilweise beibehalten.*

Kampfgruppen

Die sogenannten *Kampfgruppen der Arbeiterklasse* wurden nach dem gescheiterten Aufstandsversuch vom 17. Juni gegründet. Diese paramilitärischen Einheiten, die in offizieller Lesart einen Beitrag zur Landesverteidi-gung im Kriegsfall leisten sollten, waren in Wirklichkeit vor allem für den Fall innerer Unruhen, *zum Schutz der Betriebe,* geschaffen worden. Sie unterstanden nicht den verfassungsgemäßen *Staatsorganen* wie dem *Ministerium für Nationale Verteidigung,* sondern ausschließlich dem *Zentralkomitee der SED* bzw. seinen nachgeordneten Strukturen. Für Ausbildung und Logistik war das *Ministerium des Innern (Volkspolizei)* zuständig. Diese "Parteiarmee" bestand aus meist freiwillig beigetretenen Arbeitern und Angestellten der Betriebe und Verwaltungen. Die Ausbildung erfolgte in der Freizeit, vor allem an den Wochenenden. Die Betriebskampfgruppen waren in Bataillone gegliedert und mit automatischen Infanteriewaffen, älteren Schützenpanzerfahrzeugen, Granatwerfern, Panzerabwehrmitteln und leichter Artillerie ausgerüstet. Über den Kampfwert dieser "Feierabendarmee" gibt es sehr unterschiedliche Bewertungen, an ihrer ideologischen Treue zur SED gab es im Gegensatz zu den Wehrpflichtigen der Nationalen Volksarmee, keinerlei Zweifel.

Der öffentliche Nahverkehr (S- und U-Bahn) zwischen den beiden Stadthälften wurde eingestellt. Grenzübergänge wurden teilweise oder ganz geschlossen.
Ab 7.00 Uhr beginnt eine neue Fluchtwelle in den Westen. Dabei werden unübersichtliche Stellen und die vielerorts noch anzutreffenden Ruinen- und Trümmergrundstücke genutzt, aber auch die noch provisorischen Sperren und Postenketten werden durchbrochen. Im Laufe des Tages werden spanische Reiter aufgestellt, Pfähle eingerammt, Barrikaden errichtet, es wird das Straßenpflaster aufgerissen und Gräben werden angelegt. Jetzt begreifen die Berliner, daß hier nicht eine neue Schikane der DDR-Behörden vorbereitet wird, sondern daß mit der Teilung der Stadt ernst gemacht werden soll. Seit 5.00 Uhr morgens beginnen vor allem auf westlicher Seite Protestaktionen und die Polizei hat große Mühe, die erregte Menge zurückzuhalten. Im Laufe des Tages beobachten Zehntausende auf beiden Seiten protestierend oder stumm die Verstärkung der Befestigungen. Bis zum Abend sind 69 der insgesamt 81 Übergangsstellen an den Sektorengrenzen abgesperrt oder sogar schon zugemauert.

Am 26. August werden alle Grenzübergänge auch für die West-Berliner geschlossen, der Westteil der Stadt ist damit sowohl von seiner Ost-Hälfte als auch von seinem Umland abgeschnitten.
Das Provisorium der ersten Stunden wird in den darauffolgenden Wochen durch eine das ganze Stadtgebiet trennende Ziegelmauer von ca. 30 cm Dicke ersetzt, die so hoch wird, das man sich auf beiden Seiten auch nicht mehr sehen kann: die Berliner Mauer.

Wie es es zur Berliner Mauer kam

Nach dem II. Weltkrieg wurde Berlin unter den vier Siegermächten der Anti-Hitlerkoalition in vier Sektoren aufgeteilt. Als 1949 die Bundesrepublik Deutschland und später die DDR gegründet wurden, entwickelte sich die Situation um Berlin zu einem ständigen Krisenherd.
Die drei Sektoren der westlichen Siegermächte grenzten einerseits an den sowjetischen Sektor (Ost-Berlin) und andererseits an das Gebiet der DDR.
Die DDR betrachtete Ost-Berlin als ihre Hauptstadt und die Demarkationslinie zwischen den Sektoren und dem Umland als eine "Staatsgrenze", so wie sie zwischen souveränen Völkerrechtssubjekten üblich ist.
Die westliche Seite sah dagegen nur eine innerdeutsche Grenze, für die volle Freizügigkeit des Verkehrs zu gelten habe.
Diese unterschiedlichen Standpunkte führten in den vierziger und fünfziger Jahren ständig zu neuen Spannungen um Berlin. Seit der sowjetischen Blockade Berlins von Juni 1948 bis Mai 1949, mit der die Sowjets den Abzug der Westalliierten aus der Stadt erzwingen wollten, hatten sich in den Westsektoren die Besatzungstruppen in Schutzmächte verwandelt, die den Bestand und die Freiheit West-Berlins garantierten.

Beobachtungsturm am Schlesischen Busch, heute Denkmal

Die Spannungen erreichten ihren Höhepunkt, nachdem schon vorher Einschränkungen im Besucherverkehr und die Unterbrechung von Telefonverbindungen von östlicher Seite verhängt worden waren, als der sowjetische Partei- und Regierungschef N. Chruschtschow im November 1958 ein Ultimatum verkündete.
Er forderte die Umwandlung der Westsektoren in eine *selbständige politische Einheit*, die westlichen Alliierten sollten die Stadt verlassen und West-Berlin als *freie Stadt* weiterbestehen. Auch wenn die Sowjets diese Forderungen nicht durchsetzen konnten, war spätestens ab jetzt klar, daß sie auf

N. Chruschtschow zur Mauer

Nikita Chruschtschow im Gespräch mit dem Botschafter der Bundesrepublik Deutschland in Moskau, Hans Kroll, 1967:
"Ich weiß, die Mauer ist eine häßliche Sache. Sie wird auch eines Tages wieder verschwinden. Allerdings erst dann, wenn die Gründe fortgefallen sind, die zu ihrer Errichtung geführt haben. Was sollte ich denn tun? Mehr als 30.000 Menschen, und zwar mit die besten und tüchtigsten Menschen aus der DDR, verließen im Monat Juli das Land. Man kann sich unschwer ausrechnen, wann die ostdeutsche Wirtschaft zusammengebrochen wäre, wenn wir nicht alsbald etwas gegen die Massenflucht unternommen hätten. Es gab aber nur zwei Arten von Gegenmaßnahmen: die Lufttransportsperre oder die Mauer. Die erstgenannte hätte uns in einen ernsten Konflikt mit den Vereinigten Staaten gebracht, der möglicherweise zum Krieg geführt hätte. Das konnte und wollte ich nicht riskieren. Also blieb nur die Mauer übrig."

eine ihnen genehme "Lösung" des Berlin-Problems zusteuerten. Sie wollten die Existenz eines freien Teils von Berlin, der sich ihrer Einflußnahme entzog und mit seiner Lage inmitten der DDR für sie eine ständige Herausforderung darstellte, nicht länger dulden.
Ein Versuch, die Spannungen bei einem Gipfeltreffen zwischen Chruschtschow und US-Präsident J. F. Kennedy am 3. und 4. Juni 1961 in Wien beizulegen, scheiterte.

Nach 1989 hat der ostdeutsche Regimekritiker W. Harich, im wesentlichen unwidersprochen behauptet, daß bei diesem Treffen zwischen beiden Mächten ein "agreement" getroffen worden wäre, da eine friedliche Regelung und eine Entspannung der Lage um Berlin auch im Interesse der Amerikaner gelegen hätte.
Er begründete dies mit der ungewöhnlichen Zurückhaltung der westlichen Seite in den ersten Tagen nach dem 13. August, die auf eine rechtzeitige Information und die damit verbundene Zusicherung der Zugangsrechte der Alliierten nach Berlin verbunden gewesen wäre.
Für diese These spricht auch die Rede von J. F. Kennedy vom 19. Juni 1961 mit den berühmten "Three Essentials".

„Three Essentials"

Am 19. und 25. Juni 1961 beschrieb J. F. Kennedy in öffentlichen Reden die drei zentralen Forderungen, die von den westlichen Schutzmächten als lebenswichtige Interessen angesehen wurden.

1. Recht der Alliierten auf Anwesenheit in Berlin
2. die Aufrechterhaltung des freien Zugangs nach Berlin
3. die Aufrechterhaltung der Lebensfähigkeit Berlins und der Freiheit seiner Bevölkerung

Indem die Sowjetunion diese Interessen stillschweigend berücksichtigte und der DDR als Handlungsrahmen diktierte, sicherte sie den Bau der Berliner Mauer außenpolitisch insoweit ab, daß es außer politischen Protesten zu keinen wirksamen internationalen Maßnahmen kam, die die potentielle Kriegsgefahr dieser Situation hätte verschärfen können. Da die Vermeidung eines internationalen Konflikts im Interesse beider Großmächte lag und offensichtlich beide Seiten um Schadensbegrenzung bemüht waren, ist die Behauptung der DDR-Historiografie, am 13. August wäre *der Frieden in Europa* gerettet worden, nichts weiter als eine propagandistische Zwecklegende.

Innenpolitisch wurde Berlin für die DDR zu einem immer größeren Problem. Die *Kollektivierung der Landwirtschaft und des Handwerks* führten bei bestimmten Schichten der Bevölkerung zu einer steigenden Ablehnung des Systems. Der Abstand zum Westen in Lebensniveau und wirtschaftlicher Leistungskraft vergrößerte sich ständig, die Menschen waren der vielen Entbehrungen der Aufbaujahre, die im Westen schon überwunden waren, müde geworden und wollten endlich die Resultate ihrer Arbeit sehen können. Da sich jeder in West-Berlin von diesem Gefälle überzeugen konnte und die innenpolitischen Probleme der DDR zunahmen, verließen immer mehr Menschen das Land. Die außenpolitischen Kraftakte der Sowjets erzeugten bei vielen das Gefühl, daß der Ausweg West-Berlin eines Tages versperrt werden könnte und verschärfte damit die Fluchtwelle.
Für die meisten genügte eine S-Bahnfahrt in den Westteil der Stadt für die *Republikflucht*. Im Jahr 1960 waren es fast 200.000 Menschen, die ihre Heimat verließen. Da es sich vor allem um junge, gut ausgebildete Arbeitskräfte handelte, die im Westen ihr Glück versuchen wollten und z. T. auch direkt

Mauerabschnitt am Berliner Abgeordnetenhaus, mit Kolonnenweg, Streckmetallzaun und der eigentlichen Mauer

abgeworben wurden, wurde das Flüchtlingsproblem zu einer existenziellen Krise für die DDR. Alle sowjetischen Versuche, die westlichen Alliierten zum Abzug zu zwingen, waren gescheitert, also blieb nur die Schließung der Verbindungswege nach West-Berlin.

Spätestens seit Frühjahr 1960 wurde eine solche “Lösung” im Geheimen in der DDR vorbereitet, wobei bis heute unklar ist, ab wann auch der Bau einer befestigten Grenzsperre in die Planungen einbezogen wurde. Wie aus den Memoiren von Erich Honecker zu entnehmen ist, liefen die Vorbereitungen für die technische Sicherstellung des Baus der Sperranlagen mindestens 6 Monate vorher an. Die bekannte Ulbricht-Erklärung vom 15. Juni 1961, daß niemand die Absicht hätte, eine Mauer zu bauen, gehört demnach zu dem umfangreichen Instrumentarium der Verschleierung und Geheimhaltung, das von östlicher Seite im Vorfeld des 13. August angewandt wurde.

Nachdem die DDR-Regierung mit innenpolitischen Maßnahmen die Spannungen um Berlin weiter verschärft hatte, wurde auf einer Beratung der *Führer der Teilnehmerstaaten des Warschauer Vertrages* am 6. August 1961 in Moskau beschlossen, “die Lage in Westberlin zu regeln”. Der entscheidende Beschluß, der erst am 13. August veröffentlicht wurde, sieht vor, an der “Grenze zu Westberlin eine wirksame Kontrolle einzurichten”.

„Niemand hat die Absicht...“

Walter Ulbricht, Partei- und Staatschef der DDR, auf einer internationalen Pressekonferenz am 15. Juni 1961 in Berlin, Hauptstadt der DDR, auf die Frage der Journalistin Annemarie Doherr (Frankfurter Rundschau) nach seiner Vorstellung über eine mögliche Freie Stadt West-Berlin:
"Ich verstehe Ihre Frage so, daß es in Westdeutschland Menschen gibt, die wünschen, daß wir die Bauarbeiter der Hauptstadt der DDR mobilisieren, eine Mauer aufzurichten. Mir ist nicht bekannt, daß eine solche Absicht besteht. Die Bauarbeiter unserer Hauptstadt beschäftigen sich hauptsächlich mit Wohnungsbau, und ihre Arbeitskraft wird voll dafür eingesetzt. Niemand hat die Absicht, eine Mauer zu bauen."
Zur Ironie der Geschichte gehört, daß Ulbricht somit der Erste war, der das später in der DDR offiziell verpönte Wort „Mauer“ gebraucht hat.

Am 11. August “beauftragt” die *Volkskammer* die DDR-Regierung, die Festlegungen der Moskauer Konferenz umzusetzen und am 12. August beschließt der *Ministerrat* der DDR die Abriegelung von Westberlin. Mit der Leitung der Aktion wird *Politbüromitglied* Erich Honecker beauftragt. Zwei Nächte später rollen die Panzer.

„Erklärung“

In der am 13. August 1961 veröffentlichten "Erklärung der Teilnehmerstaaten des Warschauer Vertrages" heißt es u.a.:
"Die Regierungen der Warschauer Vertragsstaaten wenden sich an die Volkskammer und an die Regierung der DDR, an alle Werktätigen der Deutschen Demokratischen Republik mit dem Vorschlag, an der Westberliner Grenze eine solche Ordnung einzuführen, durch die der Wühltätigkeit gegen die Länder des sozialistischen Lagers zuverlässig der Weg verlegt und rings um das ganze Gebiet Westberlins, einschließlich seiner Grenze mit dem demokratischen Berlin, eine verläßliche Bewachung und eine wirksame Kontrolle gewährleistet wird. Selbstverständlich werden diese Maßnahmen die geltenden Bestimmungen für den Verkehr und die Kontrolle an den Verbindungswegen zwischen Westberlin und Westdeutschland nicht berühren."
Diese internationale Erklärung diente der DDR-Führung bis 1989 zur Legitimierung des Baus der Berliner Mauer.

Wie die Berliner Mauer funktionierte

Von 1961 bis 1989 ging eine große Befestigungsanlage mitten durch Berlin, die für ihre Einwohner einen schmerzhaften Einschnitt bedeutete. Diese Sperrmauer war nach mittelalterlicher Stadtmauer, Festungsanlage* und Zollmauer die vierte Umgrenzung in der Geschichte Berlins, aber sie hat wie keine andere die Entwicklung der Stadt bis heute spürbar behindert.
In den folgenden Jahren wurden die ersten Sperranlagen durch weitere Bauten verstärkt und die eigentliche Mauer wurde viermal modernisiert, zuletzt mit vorgefertigten Betonsegmenten, die unten abgewinkelt und an den Seiten miteinander verzahnt waren.

Mauerstück der sogenannten „vierten Generation", seit Anfang der achtziger Jahre eingebaut, von West-Berlin aus gesehen

* siehe „Der historische Ort" Nr. 27

Die Berliner Mauer
Grenzsicherungsanlagen im Stadtgebiet

1 Betonplattenmauer (vorderes Sperrelement)
2 Kontrollstreifen
3 Lichtmasten
4 Kfz-Sperrgraben
5 Kolonnenweg
6 Beobachtungsturm
7 Hundelaufanlage
8 Signalanlagen mit Stolperdrähten
9 Grenzsignalzaun
10 Schlagbaum (Begrenzung des Schutzstreifens)

Mauer mit Beobachtungsturm, vom Westen aus gesehen

Das Gebiet der DDR war am Ende der achtziger Jahre, und auf diese Zeit soll sich die Beschreibung der Funktionsweise und der Baulichkeiten der Berliner Mauer beziehen, in drei *Grenzkommandos* unterteilt: Grenzkommando Nord (Stab in Stendal), Grenzkommando Mitte (Stab in Berlin), Grenzkommando Süd (Stab in Erfurt). Das Grenzkommando Mitte war für die Grenze in und um Berlin verantwortlich. Ihm unterstanden mehrere *Grenzregimenter*, ein *Grenzausbildungsregiment*, ein mit Schützenpanzern ausgerüstetes schweres Regiment und als Berliner Besonderheit, ein Artillerieregiment, letzteres für einen möglichen Kampf um West-Berlin besonders vorbereitet. Diese Einheiten waren für die Berliner Mauer im eigentlichen Sinne zuständig. Das Gebiet entlang der Mauer wurde als *Grenzgebiet* besonderen rechtlichen Bestimmungen unterworfen. Es war in den Schutzstreifen, in dem die *Grenztruppen der DDR* tätig wurden und in den davor liegenden Sicherungsstreifen, in dem Volkspolizei, Staatssicherheit und die *freiwilligen Helfer der Grenztruppen* aktiv waren, unterteilt.

Das Grenzgebiet und besonders den Schutzstreifen durfte man, auch als Anwohner, nur mit besonderen Genehmigungen im Personalausweis bzw. Passierscheinen betreten. Diese strengen Regelungen ließen sich im dichtbesiedelten Berliner Stadtgebiet natürlich oftmals nur schwer durchführen, wurden aber mit hohem personellen Aufwand trotzdem durchgesetzt.

Je nach Möglichkeiten und Bebauungs- bzw. Geländesituation begann 30-100 Meter vor der Grenzlinie ein dichtgestaffeltes System von Sperranlagen, die eine Annäherung an die eigentliche Sperrmauer verhindern sollten.

Diese befestigte Grenzzone ist der sogenannte Todesstreifen. Seine tiefe Staffelung veränderte sich im Laufe der Zeit, bestand aber im wesentlichen aus den nachfolgend dargestellten *Elementen der Sicherung*.

Die Berliner Mauer in Zahlen

Gesamtlänge:
•155 km

•davon eigentliche Mauer im Stadtgebiet:
43,1 km

•davon durch Wohngebiete
37 km

•durch Industriegebiete
17 km

•durch Waldgebiet
30 km

•durch Wasserläufe
24 km

•auf Bahndämmen, Feldern, Sümpfen
54 km

•Betonplattenwand,
(4 m hoch):
107,3 km

•Metallgitterzaun,
3-4 m hoch
65,3 km

•Beobachtungstürme
300 Stück

•Bunker
22 Stück

•Panzersperren (5 m tief)
0,9 km

•Kfz-Sperrgraben
105,5 km

•Kontakt- bzw. Signalzaun
127,5 km

•Kolonnenweg (6,7 m breit)
124 km

•die Mauer unterbricht
8 S-Bahnlinien
4 U-Bahnlinien
193 Haupt- und Nebenstraßen

Die erste Sperrlinie war eine *Hinterlandmauer* oder, je nach dem Gelände, ein *Kontakt- bzw. Signalzaun*. Dieser Metallzaun war mit elektrischen Signalsystemen gespickt, die bei Berührung einen Alarm auslösten. An vielen Stellen waren an diesem Zaun auch die berüchtigten Selbstschußautomaten angebracht.
Danach folgte eine weitere Signallinie mit versteckt angebrachten Stolperdrähten, die bei Berührung ein optisches oder akustisches Alarmzeichen auslösten.
Nun folgte der *Kolonnenweg*, eine mit Betonplatten oder Asphalt befestigte Straße, auf der sich die Einsatz- und Alarmfahrzeuge der Grenztruppen schnell bewegen konnten. Noch heute findet man in den Außenbezirken Berlins breite Schneisen in Wald- oder Feldstücken, in deren Mitte ein Asphaltweg verläuft, nur daß dieser ehemalige Kolonnenweg heute als Radweg genutzt wird.
Direkt hinter dem Kolonnenweg verlief der *Kfz-Sperrgraben*, der ein Hinderniss für Fahrzeuge darstellte. Auf der anderen Seite des Grabens begann der *Kontrollstreifen*.

„Schießbefehl"

Von den Verantwortlichen wird bis heute die Existenz eines "Schießbefehls" bestritten. Für alle *bewaffneten Organe der DDR*, also auch für die Grenztruppen galt die *Schußwaffenanwendungsordnung (bzw. -gebrauchsbestimmung)*. Diese regelte, unter welchen Umständen geschossen werden durfte. Die Anwendung der Schußwaffe galt als *letztes Mittel*, das nur genutzt werden durfte, *wenn alle anderen Mittel keinen Erfolg versprechen* oder *nicht mehr anwendbar sind*. Der Anwendung der Schußwaffe hatte ein Anruf und ein Warnschuß vorauszugehen. Diese rechtlichen Bestimmungen, die keinen ausdrücklichen Befehl zum Töten darstellen, mußte jeder Grenzsoldat auswendig kennen. Zugleich wurde ihm bei der Vergatterung (Vergatterung - besondere Form der Vereidigung für den Wach- bzw. Grenzdienst) täglich befohlen, *Grenzdurchbrüche unter Anwendung aller ihm zur Verfügung stehenden Mittel* (d.h. auch der Schußwaffe) *unbedingt zu verhindern* sind. Im psychologischen Kontext von militärischer und politischer Ausbildung bestand für die Grenzsoldaten dadurch kein Zweifel, daß sie, auch ohne direkten Befehl in der jeweiligen Situation, zu schießen hatten. Außerdem sind etliche Fälle dokumentiert, bei denen Grenzsoldaten, die nicht geschossen oder absichtlich nicht getroffen hatten, streng bestraft wurden.

Mauer der vierten Generation mit abgerundeter Oberkante, die ein Überklettern erschweren sollte

Das war ein sorgsam geharktes Stück bloßer Erde, auf dem man eventuelle Fußspuren erkennen konnte. Manchmal befanden sich im Kontrollstreifen auch Minenfelder. Erst jetzt kam, in der Regel 10 m vor der eigentlichen Grenzlinie, die Betonplattenwand der Mauer.

Zwischen dieser vorderen Mauer und den hinteren Mauern bzw. Zäunen gab es an unübersichtlichen Stellen *Lichttrassen*, in denen starke Lampen bei Dunkelheit das Gelände beleuchteten. Außerdem standen im Niemandsland zwischen *vorderem Sperrelement* und den *Hinterlandsmauern bzw. -zäunen* an verschiedenen Stellen (ingesamt 22) Bunker und in regelmäßigen Abständen Beobachtungs- und Postentürme zur Überwachung (ingesamt 300). An bestimmten Abschnitten bestanden zwischen Kolonnenweg und hinterer Sperre *Laufanlagen* für angekettete Hunde. (siehe Schema S. 14/15).

Die Mauer wurde ständig perfektioniert, was für die wirtschaftliche Lage des Landes eine ständige Belastung darstellte. Nach Angaben des letzten Chefs der Grenztruppen der DDR, Generalmajor Teichmann, vom Februar 1990 wurden an der Grenze insgesamt 869,9 Millionen DDR-Mark für Anlagen und Bauten ausgegeben. Aufbau, Erhaltung und Betrieb einer Grenzübergangsstelle kosteten etwa 10 Millionen Mark.

Kosten der Mauer

Kosten für Grenzsicherungsanlagen
(je 1 km bzw. 1 Stück)

- **Grenzzaun 3 m Höhe**
  115,0 TM*
- **Grenzmauer**
  830,0 TM
- **Grenzmauer**
  (Plattenbauweise)
  260,0 TM
- **Grenzsignal- und Sperrzaun**
  170,0 TM
- **Hundelaufanlage**
  23,0 TM
- **Kfz-Sperre**
  50,0 TM
- **Kolonnenweg**
  127,0 TM
- **Lichttrasse**
  50,0 TM
- **Beobachtungsturm**
  11 m Höhe
  16,0 TM

* TM = Tausend Mark der DDR

Fortifikationstheorie kontra Propaganda-Legende

Der gesamte fortifikatorische Aufbau der *Grenzsicherungsanlagen* widerspricht der These von der Verteidigungsfunktion dieses "Bauwerks", denn die Anlagen werden *feindwärts* immer schwächer, was bei einer Festung selbstredend genau umgekehrt gewesen wäre. So stieg die flache Seite des *Kfz-Sperrgrabens* von West-Berlin aus gesehen *(freundwärts)* nur sanft an, während seine steile, senkrechte Seite die Durchquerung des Grabens von Ost-Berlin aus verhinderte. Die US-Panzer, die oft als Begründung für den Graben herhalten mußten, hätten also bequem weiterrollen können. Die überall aufgestellten Hindernisse aus über Kreuz verschweißtem Profilstahl, hätten ebenfalls keinen modernen Panzer aufhalten können, wohl aber einen Pkw aus Richtung DDR.
Die mit Stacheldraht bespannten, abgeschrägten *Abweiser* auf der Mauerkrone, später auf den Hinterlandzäunen wiesen in Richtung Ost-Berlin, die Selbstschußautomaten waren auf der DDR-Seite der Zäune angebracht, die aus starken Lampen

gebildeten Lichttrassen befanden sich im östlichen Hinterland der Grenzanlagen und man könnte noch viele solcher Beispiele aufzählen. Es bleibt nur die Schlußfolgerung: Die Grenze war auch technisch nach innen, d.h. auf diejenigen, welche die DDR verlassen wollten, ausgerichtet.
Das gleiche galt auch für verschiedene juristische und administrative Festlegungen. In den *grenznahen Straßen und Gebäuden*, die sich im *Schutzstreifen* befanden oder für Kleingartenkolonien, die in Mauernähe lagen, galten zum Beispiel besondere Passierscheinregelungen. Man mußte hier ständig mit Polizeikontrollen oder Kontrollen durch Grenztruppen, ihre *freiwilligen Helfer* oder die Staatssicherheit rechnen. Unter bestimmten Umständen konnte ein solcher *unberechtigter Aufenthalt im Grenzgebiet* als Vorbereitung zur *Republikflucht* gedeutet werden. Bei der *Republikflucht* waren Vorbereitung und Versuch strafbar, ein Tatbestand, den es sonst nur beim Kapitalverbrechen Mord gab und der sehr streng ausgelegt wurde. Es sind Fälle bekannt, wo Menschen, die im *Grenzgebiet* mit einer Leiter oder einen Seil angetroffen wurden, wegen dieses "Delikts" zu hohen Haftstrafen verurteilt wurden.

Fortifikation

Fortifikationen sind Befestigungs- und Wehrbauten. Die Geschichte der Fortifikationen umfaßt alle von Menschen errichteten Anlagen zur Sicherung von Orten und Plätzen durch Befestigungen. Solche Wehrbauten werden unter Ausnutzung geographischer Bedingungen durch die verschiedenartige Kombination der fortifikatorischen Prinzipien Abschnittsverteidigung, Deckung, Flankierung und Überhöhung aus den natürlichen Werkstoffen Erde, Holz, Stein und Wasser und den künstlichen Werkstoffen Eisen (Stahl), Ziegel und Beton errichtet. Die Geschichte und Theorie der Fortifikation, auch "Festungsbaukunst" genannt, beschäftigt sich im wesentlichen mit vorgeschichtlichen Wallburgen, den mittelalterlichen Burgen und den neuzeitlichen Festungen und Forts. Die Einbeziehungen moderner Grenzbefestigungen und Bunkersysteme (Maginotlinie, Atlantikwall, Berliner Mauer) in die Fortifikationstheorie ist teilweise unter Fachleuten umstritten, den taktischen Vorschriften moderner Armeen für die Errichtung von Feldbefestigungen und Sperren liegen jedoch die Erkenntnisse und fortifikatorischen Prinzipien der Festungsbaukunst im wesentlichen Punkten unverändert zu Grunde.

Mauer-tristesse am Potsdamer Platz

Für die Bewohner in Schutzstreifen galten neben den Passierscheinen viele weitere Einschränkungen, so durften sie Werkzeuge oder Geräte, die zur Überwindung der Mauer dienen konnten, nicht unbeaufsichtigt oder unverschlossen belassen, im schlimmsten Fall konnten sie wegen Begünstigung einer *Grenzverletzung* verurteilt werden.

Wie der Autor aus eigenem Erleben weiß, mußten in den Baubetrieben der Stadt die Zündschlüssel großer, schwerer Baumaschinen besonders sicher verwahrt werden, in Grenznähe mußten diese Maschinen abends sogar auf besonderen, bewachten Parkplätzen abgestellt werden, da man Angst hatte, daß mit ihnen die Sperren an der Mauer durchbrochen werden könnten. Einige spektakuläre, aber gescheiterte solcher Versuche waren Ende der siebziger Jahre monatelang Gesprächsstoff in den Bauwagen beim Aufbau des Stadtteils Marzahn.
Die dem westlichen Teil der Stadt oft untergeschobene Frontstadtmentalität galt eigentlich eher für Ost-Berlin. So waren noch bis in die zweite Hälfte der achtziger Jahre in den SED-Parteigrundorganisationen Berlins für alle Mitglieder *Alarmpläne* vorgeschrieben, was allerdings immer weniger ernst genommen wurde. An den Einfallstraßen zur *Hauptstadt der DDR* gab es bis Anfang der siebziger Jahre für DDR-Bürger Ausweiskontrollen, wenn diese nach Berlin wollten. All diese Regelungen und Einschränkungen, die das

Bild einer vom Feind belagerten Stadt erzeugen sollten, führten dazu, daß sich viele Ost-Berliner wie in einem Gefängnis fühlten, zu dem die "Mauer" der Zaun war.
Betrachtet man unvoreingenommen den technischen Aufbau, die fortifikatorischen Prinzipien der *Grenzsicherungsanlagen* und die juristisch-administrativen Regelungen, das sogenannte *Grenzregime* an der *Staatsgrenze*, so fällt die ideologische Zwecklegende vom *Antifaschistischen Schutzwall* in sich, wie ein Kartenhaus, zusammen.

Zum Versuch der Überwindung der Mauer gibt es folgende Zahlenangaben (nach westlichen Erkenntnissen):

- **Flüchtlinge**
  (sog. "Mauerbrecher")
  5.043 Personen
- **Festnahmen an den Grenzanlagen**
  3.221 Personen
- **Todesopfer**
  80 Personen
  davon erschossen
  60 Personen
- **durch Schußwaffen verletzte**
  118 Personen

Außerdem kamen nach DDR-Angaben mindestens sieben NVA-Angehörige in "Ausübung ihres Dienstes" ums Leben.

Wie die Mauer fiel

Seit Ende der achtziger Jahre hatten sich die innenpolitischen Probleme der DDR verschärft. Unter dem Einfluß der Perestroika-Politik des sowjetischen Generalsekretärs M.S. Gorbatschow war eine wirksame innere Opposition entstanden. Seit dem Spätsommer 1989 ließen sich die kritischen Stimmen nicht länger unterdrücken und spätestens ab Oktober geriet die Herrschaft der SED in eine akute Krise. Nachdem am 4. November Hunderttausende auf dem Alexanderplatz für ihre demokratischen Rechte demonstriert hatten, war eine administrative Regelung des Reiseproblems nicht mehr möglich. Deshalb verkündete Politbüromitglied

Am Morgen des 10. November. Tausende Berliner aus Ost und West passieren die geöffnete Grenze

G. Schabowski auf einer Pressekonferenz am 9. November abends, das eine Regelung in Kraft treten solle, die es jedem DDR-Bürger gestattet, frei auszureisen.
Obwohl diese Regelung erst ab dem nächsten Tag gelten sollte, machten sich sofort Tausende auf den Weg zu den Grenzübergangsstellen. Als an der Bornholmer Brücke mehrere Tausend Menschen versammelt waren, öffneten gegen 22.00 Uhr verantwortungsbewußte Offiziere der Grenztruppen, ohne Befehl von oben auf eigene Verantwortung, den Übergang. Damit war die Mauer offen ...
Sie ließ sich nie wieder schließen, auch wenn es noch einige Zeit dauern sollte, bis sie ganz aus dem Leben der Stadt verschwand. In Berlin wurde in beiden Hälften der Stadt auf den Straßen gefeiert, auf der Mauer am Brandenburger Tor wurde getanzt und die "Mauerspechte" begannen ihr Werk.

Langsam ergreift die Natur Besitz von dem Bauwerk, das „noch hundert Jahre stehen sollte"

Zeittafel

• November 1958
Chruschtschow fordert ultimativ die Umwandlung der Westsektoren von Berlin in eine *selbständige politische Einheit*, die westlichen Alliierten sollten die Stadt verlassen und West-Berlin als *freie Stadt* weiterbestehen

• 3. und 4. Juni 1961
bei einem Gipfeltreffen zwischen Chruschtschow und US-Präsident J. F. Kennedy in Wien scheiterte der Versuch, die Spannungen um Berlin beizulegen

• 19. und 25. Juni 1961
J. F. Kennedy beschreibt in öffentlichen Reden die drei zentralen Forderungen ("Three Essentials"), die von den westlichen Schutzmächten als lebenswichtige Interessen angesehen wurden.

• 6. August 1961
die Führer der *Teilnehmerstaaten des Warschauer Vertrages* beschließen in Moskau die Lage in Westberlin zu „regeln".

• 13. August 1961
um Mitternacht gibt es Alarm für die um Berlin zusammengezogenen Einheiten der Nationalen Volksarmee, der *Kampfgruppen der Arbeiterklasse* und der Sowjetarmee
Die Sektorengrenzen in Berlin werden abgeriegelt. Im Laufe des Tages werden die ersten Sperren errichtet. Bis zum Abend sind 69 der insgesamt 81 Übergangsstellen an den Sektorengrenzen geschlossen.

• 14. August 1961
der Grenzübergang am Brandenburger Tor wird für 28 Jahre geschlossen.

• 16. August 1961
die drei Westalliierten protestieren in offiziellen Noten in Moskau gegen die Verletzung des Vier-Mächte-Status von Berlin, die Berliner Garnison der US-Army wird um 1.500 Mann verstärkt.

• 19. August 1961
US-Vizepräsident Johnson besucht den Westteil von Berlin und wird begeistert empfangen

• 26. August 1961
alle Grenzübergänge werden für die West-Berliner geschlossen

• 1963
Präsident J. F. Kennedy besucht Berlin und sagt: "Ich bin ein Berliner"

• 17. Dezember 1963
erste Passierscheinregelung, die West-Berlinern den Besuch im Ostteil der Stadt erlaubt

• 3. September 1971
das Vier-Mächte-Abkommen über Berlin wird abgeschlossen. In seiner Folge verbessern sich die Besuchsmöglichkeiten für die West-Berliner

• **1974**
nach Abschluß des Grundlagenvertrages zwischen beiden deutschen Staaten werden in Bonn und Ost-Berlin ständige Vertretungen eröffnet, in der Folge leiten viele Abkommen eine langsame Normalisierung der Lage um Berlin ein

• **1987**
trotz erfolgreicher Vorverhandlungen scheitern die Bemühungen für eine gemeinsame Feier aus Anlaß der 750. Ersterwähnung von Berlin an der DDR-Haltung

• **12.6.1987**
der amerikanische Präsident Ronald Reagan fordert am Brandenburger Tor von KPdSU-Generalsekretär Michael Gorbatschow: "open this gate"

• **10. September 1989**
die ungarische Regierung öffnet ihre Grenzen für DDR-Flüchtlinge, die Mauer wird damit innenpolitisch immer fragwürdiger für die DDR

• **7. und 8. Oktober**
im Zusammenhang mit den Feierlichkeiten zum 40. Gründungstag der DDR und dem Besuch von M. Gorbatschow kommt es zu ersten Protestdemonstrationen in Ost-Berlin

• **16. Oktober 1989**
120.000 Menschen demonstrieren in Leipzig unter der Losung "Wir sind das Volk" für demokratische Reformen im Land, am 18. Oktober tritt SED-Generalsekretär E. Honecker von allen Ämtern zurück

• **4. November 1989**
mehr als eine halbe Million Menschen demonstrieren auf dem Berliner Alexanderplatz gegen die SED-Herrschaft

• **7. November 1989**
der Rechtsausschuß der DDR-Volkskammer verwirft den Vorschlag für ein Reisegesetz, den letzten hilflosen Versuch, das innenpolitische Reizthema "Reisen" administrativ zu lösen

• **9. November 1989**
die Mauer ist auf, Jubelfeiern in beiden Teilen der Stadt

• **22. Dezember 1989**
das Brandenburger Tor wird wieder geöffnet

• **22. Juni 1990**
der Grenzübergang "Checkpoint Charlie" wird in Anwesenheit der Außenminister der vier Siegermächte demontiert.

• **13. November 1991**
am Rudower Wäldchen wird das letzte Stück der Mauer, bis auf die Denkmal-Teile, abgerissen

• **12. November 1992**
Prozeßbeginn im sog. "Honecker-Prozeß", die für den Bau der Mauer verantwortlichen Mitglieder des *Nationalen Verteidigungsrates* sollen zur Verantwortung gezogen werden